CATALOGUE

DES LIVRES

DE LA

Bibliothèque de M. M***

DONT LA VENTE AURA LIEU LE MERCREDI 25 OCTOBRE 1876

Rue des Bons-Enfants, 28, maison Sylvestre

SALLE N° 1

A 7 heures 1/2 précises du soir

Par le ministère de Mᵉ MAURICE DELESTRE, commissaire-priseur,

successeur de Mᵉ DELBERGUE-CORMONT, rue Drouot, 23

PARIS

ADOLPHE LABITTE

LIBRAIRE DE LA BIBLIOTHÈQUE NATIONALE.

4, RUE DE LILLE, 4.

—

1876

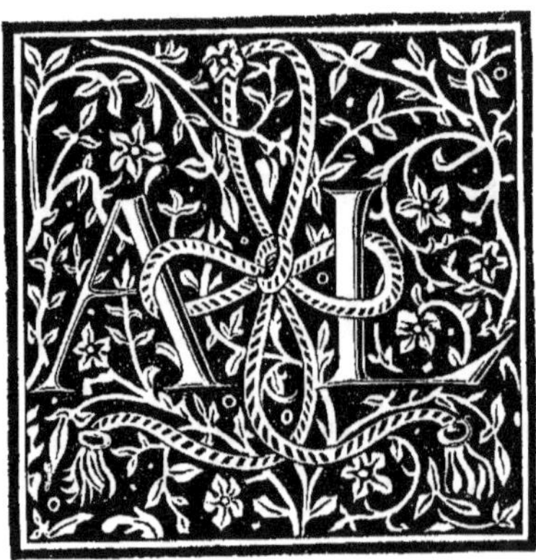

Paris. — Typ. G. Chamerot, rue des Saints-Pères. 19.

CATALOGUE
DES LIVRES

DE

LA BIBLIOTHÈQUE DE M. M***

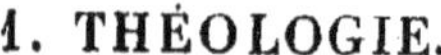

1. THÉOLOGIE.

PHILOSOPHIE, HISTOIRE NATURELLE, COMMERCE,
MONNAIES, BEAUX-ARTS.

1. La Bible, traduction de la Vulgate par Le Maistre
de Sacy. *Paris*, 1834-35, 3 vol. in-8, texte à 2 col.,
gravures sur chine, demi-rel. v.

2. La Sainte Bible (Ancien et Nouveau Testament),
ornée de quarante superbes gravures et d'une
carte; traduction de Sacy. *Paris*, 1843, 3 vol. gr.
in-4, cart.

3. Les Quatre Évangélistes. *Paris, Dubochet*, 1838,
gr. in-8, illustré, demi-rel.

4. Vie de Jésus, par le Dr David-Frédéric Strauss,
traduite de l'allemand par E. Littré. *Paris, La-
drange*, 1864, 2 vol. in-8, demi-rel. avec coins
maroq. brun,

5. La Vie de saint Thomas le martyr, archevêque de
Canterbury, par Garnier de Pont-Sainte-Maxence,
publiée et précédée d'une introduction par C. Hippeau. *Paris, A. Aubry*, 1859, in-12, demi-rel.
maroq. viol. avec coins fil. tr. rouges.

6. L'Alcoran des Cordeliers, tant en latin qu'en français; édition ornée de figures dessinées par B. Pi-

cart. *Amsterdam*, 1734, 2 vol. in-12, maroq. r.
fil. tr. dor. (*Anc. rel.*)

On a ajouté à cet exemplaire un tome III : Légende Dorée, ou Sommaire
de l'histoire des Frères mendiants de l'ordre de Saint-Dominique et de
Saint-François. *Amsterdam*, 1734, in-12, v. fauve.

7. **Dulaure.** Des Cultes qui ont précédé et amené
l'idolâtrie. Des Divinités génératrices. *Paris*,
1825, 2 vol in-8, demi-rel. v. violet.

8. **Essais de morale,** contenus en divers traittez sur
plusieurs devoirs importans. *Suivant la copie
imprimée à Paris chez Guillaume Desprez*, 1672-
76, 4 vol. pet. in-12, maroq. rouge à compart. tr.
dor. (*Rel. anc.*)

9. Traité élémentaire de morale et du bonheur (par
Paradis de Raymondis). *Paris*, 1795, 2 vol. in-16,
maroq. r. fil. tr. dor. (*Anc. rel.*)

10. OEuvres complètes de la Rochefoucauld, avec
notes et variantes. *Paris, Ponthieu*, 1825, in-8,
portrait, demi-rel. maroq. viol. tr. marbr.

11. Réflexions ou Sentences morales de la Rochefoucauld. Édition publiée par L. Aimé-Martin.
Paris, Lefèvre, 1822, in-8, portrait, v. tr. dor.

12. Le Premier Texte de la Bruyère, publié par
D. Jouaust. *Paris*, 1868, in-12, ch. viol. à comp.
tête dor. n. rog.

13. OEuvres complètes de Buffon, mises en ordre et
précédées d'une notice historique par M. A. Ri-
chard; suivies de deux volumes sur les progrès des
sciences physiques et naturelles depuis la mort
de Buffon, par M. le baron Cuvier. *Paris, Baudoin,*
1827, 32 vol. et supplément; mammifères et oi-
seaux, avec planches en couleur, 2 vol.; ensemble
34 vol. in-8, demi-rel. v. f.

14. OEuvres du comte de Lacépède, comprenant l'histoire naturelle des quadrupèdes ovipares, des serpents, des poissons et des cétacés, accompagnées du portrait de l'auteur et d'environ 400 fig. *Paris, D. Pillot,* 1382-33, 13 vol. in-8, demi-rel. v. f.

15. Plantes de la France, décrites et peintes d'après nature par M. Jaume Saint-Hilaire. *Paris,* 1808, 4 vol. in-4, demi-rel. v. rouge, planches en coul.

16. Théorie des ressemblances, ou Essai philosophique sur les moyens de déterminer les dispositions physiques et morales des animaux, d'après les analogies de forme, de robes et de couleurs, par le chevalier Da G. M... (F. Da Gama Machado). *Paris, Fournier,* 1844, in-4 (3me partie), cart. pl. en coul.

Envoi autographe signé de l'auteur.

17. Discours et Histoires des spectres, visions et apparitions des esprits, anges, démons et âmes se monstrant visibles aux hommes, divisez en huit livres, par Pierre Le Loyer. *Paris, chez Nic. Buon,* 1605, in-4, vél. blanc.

---

18. Dictionnaire encyclopédique usuel, publié sous la direction de Ch. Saint-Laurent. *Paris,* 1843, fort vol. gr. in-8, texte à trois col., demi-rel. v. viol.

19. Dictionnaire universel, théorique et pratique du commerce et de la navigation. *Paris, Guillaumin,* 1863, 2 vol. gros in-8, demi-rel. v. fauve.

20. Annales de la science et du droit commercial, ou Mémorial du commerce et de l'industrie, recueil mensuel par M. Le Hir. *Paris,* 1854-1875, 22 années en 44 vol. in-8, demi-rel. v. vert tr. jaspée.

21. Traité historique des monnaies de France depuis le commencement de la monarchie jusqu'à pré-

sent, par M. Le Blanc. — Dissertation historique sur quelques monnaies de Charlemagne, de Louis le Débonnaire, de Lothaire et de leurs successeurs, frappées dans Rome. *Paris,* 1689; en 2 vol. in-4, v. antiq.

22. De l'Administration des finances de la France, par M. de Necker. *S. l.,* 1784, 3 vol. gr. in-8, maroq. v. tr. dor. (*Anc. rel.*)

Exemplaire sur papier de Hollande.

23. Étrennes financières, ou Recueil des matières les plus importantes en finance, banque, commerce. *Paris,* 1789-90, 2 vol. in-8, port. de **M.** Necker, maroq. vert, fil. tr. dor. (*Anc. rel.*)

24. Le Livre d'or des métiers.— Histoire des hôtelleries et cabarets, par Francisque Michel et Édouard Fournier, 2 vol. — Histoire de l'orfévrerie-joaillerie, par M. P. Lacroix. *Paris,* 1850-51, ens. 3 vol. gr. in-8, demi-rel. chagr. vert.

25. La Galerie électorale de Dusseldorff, ou catalogue raisonné et figuré de ses tableaux, dans lequel on donne une connaissance exacte de cette fameuse collection et de son local, par des descriptions détaillées et par 30 planches, contenant 365 petites estampes rédigées et gravées d'après ces mêmes tableaux par Chrétien Michel, ouvrage publié par Nicolas de Pigage. *A Basle,* 1778, in-4 obl., demi-rel. v. antiq.

26. Champfleury. Histoire de la caricature au moyen âge, antique et moderne, 3 vol. — Histoire des faïences patriotiques sous la Révolution. *Paris,* E. Dentu, 1867, ens. 4 vol. in-12, demi-rel. (dont 1 broché), cuir de Russie, tête dor. n. rog.

27. Musée Dantan. Galerie des charges et croquis des célébrités de l'époque. *S. l. n. d.,* 2 vol. gr. in-8, fig. noires, demi-rel. v. rouge.

28. Description naïve et sensible de la fameuse église Sainte-Cécile d'Albi, édit. nouv., publiée par Eug. d'Auriac. *Paris,* 1867, in-12 chagr. rouge à comp. fil. tête dor. n. rog.

29. Bellini, sa vie, ses œuvres, par Arthur Pougin. *Paris, L. Hachette,* 1868, in-12, portr. demi-rel. avec coins cuir de Russie, tête dor. n. rog.

2. BELLES-LETTRES.

LINGUISTIQUE, POÉSIE, THÉATRE, ROMANS, FACÉTIES,
COLLECTIONS.

30. Dictionnaire comique, satirique, critique, burlesque, libre et proverbial, par P.-J. Leroux. *A Pampelune,* 1786, 2 v. in-8, v. rac.

31. Alfr. Delvau. Dictionnaire de la langue verte, argots parisiens comparés. *Paris, E. Dentu,* 1867, in-12, demi-rel. avec coins, tête dor. n. rog.

32. Histoire de l'Académie française, depuis 1652 jusqu'à 1700, par M. l'abbé d'Olivet. *Amsterdam,* 1730, in-12, demi-rel. maroq. rouge, tête dorée, n. rog.

---

33. Poésies de Catulle, traduction nouvelle par Victor Develay. *Paris (Jouaust),* 1867, petit in-12, chagr. bleu fil. tête dor. n. rog.

34. Les Métamorphoses d'Ovide, traduites en francois avec des remarques et des explications historiques par M. l'abbé Banier, nouvelle édition, augmentée de la vie d'Ovide, enrichie de figures en taille-douce. *Paris,* 1738, 2 vol. in-4, maroq. tr. dor. (*Anc. rel.*)

35. Le Bel Inconnu, ou Giglain, fils de messire Gauvain et de la fée aux blanches mains, poëme de la

Table ronde, par Renauld de Beaujeu, publié par
C. Hippeau. *Paris, Aug. Aubry*, 1860, in-12, demi-
rel. maroq. vert avec coins, fil. tr. dor. n. rog.

36. Messire Gauvain, ou la Vengeance de Raguidel,
poëme de la Table ronde, par le trouvère Raoul,
publié par C. Hippeau. *Paris, Aug. Aubry*, 1862,
in-12, demi-rel. chagr. grenat avec coins, fil. tête
dor. n. rog.

37. Fables de la Fontaine, avec un nouveau commen-
taire littéraire et grammatical par Ch. Nodier.
Paris, Emler frères, 1828, 2 vol. in-8, v. viol. fil.
tr. dor.

38. Contes et Nouvelles en vers, par Jean de la
Fontaine. *S. l.*, 1777, 2 vol. in-8, fig. v. rac.

39. Contes et Nouvelles en vers, par Jean de la Fon-
fontaine. *Paris, Leclère fils*, 1861, 2 vol. in-12,
vignettes gravées, maroq. viol. à comp. tête dor.
n. rog.

40. Contes et Nouvelles, par Voltaire, Vergier, Se-
necé, Perrault, Moncrif et le P. Ducerceau. *Paris,
Leclère fils*, 1862, 2 tomes en 1 vol. in-12, vign.
gravées, maroq. rouge à comp. tête dor. n. rog.

41. La Pucelle d'Orléans, poëme, par Voltaire, édition ornée de figures gravées. *Paris, imprimerie
de Didot le jeune, l'an III*, 2 tome en 1 v. in-4,
figures de Monnet et Monsiau, parch.

42. Les Grâces. *Paris, chez Laurent Prault*, 1769,
in-8, figures *de Boucher et Moreau le jeune*, in-8,
v. fauve tr. marbr.

Exemplaire en papier de Hollande.

43. Le Fond du sac, ou Restant de babioles de
M. X***. *A Venise*, 1780, 2 vol. in-16, figure, demi-
rel. v. antiq. tête dor. n. rog.

44. Le Fond du sac, ou Recueil de contes en vers et
de pièces fugitives. *Paris, Leclère*, 1866, in-12,

vignettes gravées, chagr. rouge à comp. tr. peig.
dor.

Tiré à 100 exemplaires.

45. OEuvres de Delille, précédées d'une notice par
P.-F. Tissot, *Paris, Furne*, 1832, 10 vol. in-8,
portrait et gravures, demi-rel. v. fauve.

46. OEuvres complètes de Millevoye. *Paris, Furne,*
1827, 4 vol. in-8, portrait, demi-rel. v. viol.

47. OEuvres de M. C. Delavigne, de l'Académie
française. *Paris, Furne*, 1833-45, 8 vol. in-8, gravures sur acier demi-rel. v. fauve.

48. Lamartine. Premières Méditations poétiques,
Nouvelles Méditations, Harmonies poétiques et
religieuses. *Paris, Ch. Gosselin et Furne*, 1832,
4 vol. gr. in-8, portrait et gravures, v. viol. est.
tr. marbr.

49. Des Chansons populaires chez les anciens et
chez les Français, essai historique suivi d'une
étude sur la chanson des rues contemporaine,
par Ch. Nisard. *Paris, E. Dentu*, 1867, 2 vol.
in-12, demi-rel. maroq. bleu avec coins, tête dor.
n. rog.

50. OEuvres complètes de P.-J. de Béranger, ornées
de 104 vignettes en taille-douce. *Paris, Perrotin*,
1834, 4 vol. in-8, demi-rel. v. fauve.

51. OEuvres complètes de P.-J. de Béranger. *Paris,
Perrotin*, 2 vol. avec gravures sur acier. — Album
Béranger, par Granville, ens. 3 vol. gr. in-8,
chagr. r. à comp. tr. dor.

52. Les Camées parisiens, par Théodore de Banville,
frontispice avec portraits à l'eau-forte. *Paris,
R. Pincebourde*, 1866, in-12, maroq. vert à comp.
fil. tr. rouge.

53. Barzaz Breiz. Chants populaires de la Bretagne,
recueillis, traduits et annotés par le vicomte Her-
sart de la Villemarqué. *Paris, Didier*, 1867, in-12,

demi-rel. chagr. rose avec coins, fil. tête dor. n. rogné.

54. OEuvres complètes de lord Byron, traduction nouvelle par Benj. Laroche. *Paris, Charpentier,* 1826, 4 vol gr. in-8, demi-rel. v. bleu.

55. Alfred Tennysson. Elaine, poëme traduit de l'anglais par Francisque Michel, avec 9 gravures sur acier d'après les dessins de Gustave Doré. *Paris, L. Hachette,* in-4, cart. percal. rouge non rog.

---

56. Théophile Gautier. Histoire de l'Art dramatique en France depuis vingt-cinq ans. *Paris, Hetzel,* 1858-59, 6 vol. in-12, demi-rel. ch. rose avec coins fil. tête dor. n. rog.

57. OEuvres choisies de P. Corneille, 4 vol.; Thomas Corneille, 1 vol. *Paris, Emler frères,* 1829, 5 vol. in-8, portrait demi-rel. v. vert tr. marbr.

58. OEuvres complètes de Molière, avec les notes de tous les commentateurs, édition publiée par L. Aimé-Martin. *Paris, Lefèvre,* 1824, 8 v. in-8, demi-rel. maroq. bleu.

59. OEuvres de Crébillon, avec les notes de tous les commentateurs; édition publiée par M. Parrelle. *Paris, Lefèvre,* 1828, 2 vol. in-8, portrait, demi-rel. maroq. bleu.

60. Victor Hugo. Ruy Blas, drame. *Paris, H. Delloye,* 1838, in-8, demi-rel. v.

1re édition.

61. Polichinelle, ex-roi des marionnettes, devenu philosophe, par Lorentz. *Paris, Willermy,* 1848, gr. in-8, fig. demi-rel.

62. Les Tréteaux de Ch. Monselet, avec un frontispice dessiné et gravé par Bracquemond. *Paris, Poulet-Malassis,* 1859, in-12, demi-rel. maroq. orange, fil. tête dor. n. rog.

63. Les Souvenirs et les Regrets du vieil amateur dramatique, ouvrage orné de gravures coloriées. *Paris, Alph. Leclère,* 1861, in-12, demi-r. v. avec coins, dos orné, fil. tête dor. n. rog.

---

64. Daphnis et Chloé, ou les Pastorales de Longus, traduites du grec par J. Amyot. *Paris, Leclère,* 1865, in-12, gravures, demi-rel. maroq. bleu avec coins, tête dor. n. rog.

65. L'Éloge de la Folie, par Érasme, traduit par Gueudeville. *Amsterdam,* 1728, in-8, figures, v. f. antiq.

66. Amadis de Gaule, par Alphonse Pagès. *Paris (Jouaust),* 1868, in-12, chagr. vert, fil. tête dor. n. rog.

67. Les Avantures de Télémaque, fils d'Ulysse, par messire François de Salignac de la Mothe-Fénelon. *Paris,* 1730, 2 parties en 1 vol in-4; fig. de Coypel, Souville, Humblot; v. brun.

68. Les Contes des Fées, en prose et en vers, de Charles Perrault, précédés d'une lettre critique par Ch. Giraud. *Lyon, imprimerie Louis Perrin,* 1865, in-8, vignettes gravées, demi-rel. cuir de Russie, tête dor. n. rog.

69. Histoire de Gil-Blas de Santillane, par Le Sage. *Paris, Baudouin fr.,* 1829, 3 v. in-8, demi-rel. v.

70. Le Diable boiteux, par Le Sage. *Paris, D. Jouaust,* 1868, in-8, cuir de Russie, tête dor. n. rog.

71. Manon Lescaut, par l'abbé Prévost. *Paris, D. Jouaust,* 1867, in-12, cuir de Russie, tête dor. n. rog.

72. Romans et Contes de M. de Voltaire. *A Londres (Cazin),* 1781, 3 vol. in-16, v. ant. fil. tr. dor.

73. Les Sacrifices de l'amour, ou Lettres de la vicomtesse de Senanges et du chevalier de Versenay. *A Amsterdam, et se trouve à Paris,* 1771, 2 vol. in-8, 2 figures de Marillier, v. proph. fil. tr. marbr.

Papier de Hollande.

74. Aventures de Roderik Random. *Reims, chez Cazin,* 1784, 4 vol. in-16, maroq. rouge fil. tr. d. *(Anc. rel.)*

75. Joseph, par Bitaubé. Édition ornée de 12 grav. *Paris, Deschamps,* 1826, in-16, cart. n. rog.

76. Adrien Robert. Contes fantasques et fantastiques. *Paris, Charlieu, s. d.,* gr. in-8 illustré, demi-rel. chagr. vert plats toile tr. dor.

77. Légendes flamandes, par M. Ch. de Çoster, illustrées de 12 eaux-fortes et précédées d'une préface par Em. Deschanel. *Paris, Michel Lévy fr.,* 1858, in-12 carré chagr. viol. à comp. tête dor. n. rog.

---

78. Érasme. Le Mariage. — La Fille ennemie du mariage. — Jean Second. Les Baisers. — Traduction nouvelle par V. Develay. *Paris (Jouaust),* 1866, ens. 3 vol. in-32, chagr. viol. fil. tête dor. n. rog.

79. L'Art de P*** (réimpression faite à petit nombre, par Baillieu, libraire, de l'édition de 1776), in-8, figure, demi-rel. maroq. bleu.

80. Projet d'une loi portant défense d'apprendre à lire aux femmes, par Sylvain Maréchal. *Lille, Castiaux,* 1841, gr. in-8, demi-rel. v. vert, tête dor. n. rog.

81. Histoire de la crinoline au temps passé, par Albert de la Fizelière, suivie de la Satire sur les cerceaux, paniers, etc. *Paris, Aubry,* 1859, pet. in-12, demi-rel. (avec la couverture imprimée),

maroq. rouge, avec coins, dos orné, fil. tête dor.
n. rog. (*Capé.*)

---

82. Lettres de Ninon de Lenclos au marquis de
Sévigné, avec sa vie. *A Paris, chez Bleuet,* 1798,
2 vol. in-16, portrait, v. vert tr. dor.

83. Bibliothèque originale. *Paris, R. Pincebourde,*
1864-66, ens. 6 vol. in-12 carrés, frontispice
gravé à l'eau-forte, demi-rel. cuir de Russie avec
un fil. tête dor. n. rog.

L'Histoire du sieur abbé comte de Bucquoy. — J. Janin. Béranger et son
temps. — Monselet. Fréron. — Correspondance intime de l'armée d'Égypte.
— Mort d'Alexandre le Grand et de César. — Mystifications de Caillot-
Duval.

3. HISTOIRE.

HISTOIRE DE FRANCE, PARIS, HISTOIRE ÉTRANGÈRE,
BIOGRAPHIE, BIBLIOGRAPHIE.

84. Dictionnaire des dates, des faits, des lieux et
des hommes historiques, par M. A.-L. d'Harmon-
ville. *Paris, Alph. Levavasseur,* 1842, 2 forts vol.
gr. in-8, demi-rel. v. viol.

85. Dictionnaire historique des institutions, mœurs
et coutumes de la France, par A. Chéruel. *Paris,
L. Hachette,* 1875, 2 vol. in-12, demi-rel. maroq.
noir.

86. Voyage du jeune Anacharsis en Grèce, par l'abbé
Barthélemy. *Paris, Él. Ledoux,* 1832, 7 vol. gr.
in-8 obl., demi-rel. v. viol.

Exemplaire en GRAND PAPIER.

87. Figures pour l'histoire de France, de 486 à 1386.
Figures de Moreau le jeune, texte gravé, in-4,
cart.

88. Chronique de la Pucelle, avec notices, par
Vallet de Viriville. *Paris, Ad. Delahays,* 1859,

in-12, demi-rel. maroq. viol. avec coins, tête dor.
n. rog.

89. Procès criminel de Iehan de Poitiers, seigneur
de Saint-Vallier, publié par Georges Guiffrey.
Paris, Lemerre, 1867, gr. in-8, demi-rel. maroq.
rouge avec coins, tête dor. n. rog.

90. Le Comte de Clermont, sa Cour et ses Maîtres-
ses, lettres familières, recherches et documents
inédits publiés par J. Cousin. *Paris, Jouaust*, 1867,
2 vol. in-12, portrait, chagr. rouge, tête dor. non
rogné.

91. Histoire de la Révolution française, par M. A.
Thiers. *Paris, Furne*, 1837, 10 vol. in-8, gravures
demi-rel. v. fauve.

92. Histoire générale et impartiale des erreurs, des
fautes et des crimes commis pendant la Révolution
française. *Paris*, 1797, 2 vol. in-8, cart. n. rog.
figures.

93. Tableaux de la Révolution française. 144 estampes in-fol. demi-rel. maroq. bleu.

94. Révolution française, ou Analyse complète et
impartiale du *Moniteur*, suivie d'une table alpha-
bétique des personnes et des choses. *Paris*, 1801-
1802, 7 vol. in-4, v. rac.

95. Mémoires sur Mirabeau et son époque. *Paris,
Bossange*, 1824, 4 vol. in-8, portrait, demi-rel.
maroq. bleu.

96. Éloge historique de Jean-Sylvain Bailly. *A Londres*, 1794, pet. in-12, v. fauve, fil. tr. dorée.
(*Simier.*)

Ouvrage tiré à 25 exemplaires sur papier vélin.

97. Lettres sur les États-Généraux de 1789, par le
duc de Biron, duc de Lauzun. — Essai historique
sur la vie et les ouvrages de Mirabeau, par J. Mé-
rilhou, 1827.—Marie-Antoinette, Louis XVI et la
Famille royale, journal anecdotique de mars 1763

à février 1782. — La Démagogie en 1793, par
C.-A. Dauban, avec gravures.—Ens. 4 vol. in-8 et
in-12 reliés.

98. Georges d'Heilly. Extraction des cercueils royaux
à Saint-Denis en 1793. *Paris, L. Hachette*, 1868,
in-12, demi-rel. chagr. grenat, avec coins, fil. tr.
rouges.

99. Histoire de Napoléon, par M. de Norvins. *Paris,
Furne*, 1833, 4 vol. in-8, cartes et portraits,
demi-rel. v. bleu.

100. Les Murailles révolutionnaires, collection complète des professions de foi, affiches, décrets,
bulletins de la République, etc. *Paris, J. Bry*,
1852, in-4, demi-rel. chagr. noir.

101. Histoire des ducs de Bourgogne de la maison
de Valois, 1364-1477, par M. de Barante. *Paris*,
1837-38, 12 vol. in-8, gravures et cartes, demi-
rel. v. f.

102. Histoire de Paris, par J.-A. Dulaure. *Paris,
Furne*, 1837-38, 8 vol. in-8, gravures et atlas,
in-4 obl., demi-rel. v. f.

103. Paris pendant la Révolution (1789-1798), ou le
Nouveau Paris, par Sébastien Mercier. *Paris,
Poulet-Malassis*, 1862, 2 vol. in-12, demi-rel. v.
fauve, tr. rouges.

104. Histoire du tribunal révolutionnaire de Paris
d'après les documents originaux. *Paris, Poulet-
Malassis*, 1862, 2 vol. in-12, demi-rel. v. f. avec
coins fil.

105. La Police de Paris dévoilée, par Pierre Manuel,
l'un des administrateurs de 1789. *Paris, l'an second de la liberté*, 2 vol. in-8, demi-rel. bas.

106. Ch. Yriarte. Les Célébrités de la rue, orné de
40 types gravés. *Paris, E. Dentu*, 1868, in-8,
demi-rel. chagr. fauve, avec coins fil. tr. r.

107. Dictionnaire historique de Paris, par A. Béraud et Ch. Dufey, 2 vol.—La Topographie de Paris, ou Atlas topographique et statistique.—Dictionnaire topographique des environs de Paris, rédigé par Ch. Oudiette, 1812. — Ens. 4 vol. in-8, cart. et reliés.

108. Voyage à Paris, ou Esquisses des hommes et des choses par le M^{quis} Rainier-Lanfranchi.—Mémoire sur l'hygiène des hôpitaux et hospices civils de Paris.—Le Père-Lachaise, avec notes explicatives, vues et plan général, par F.-T. Salomon. — Recherches historiques et critiques sur la Morgue, par Firm. Maillard. — Voyage autour du Pont-Neuf. — Ens. 5 vol. in-8 et in-12, tr. et reliés.

109. Monographie parisienne. L'Hôtel de Beauvais (rue Saint-Antoine). Esquisse historique, par J. Cousin. *Paris*, 1865, gr. in-8, figure et carte, chag. viol. à comp., tête dor. n. rog.

110. Vte de Beaumont-Vassy. Les Salons de Paris et la Société parisienne sous Louis-Philippe Ier. *Paris, F. Sartorius*, 1866, in-12, demi-rel. maroq. r. — Notes sur Paris, Vie et Opinions de M. Frédéric-Thomas Graindorge, recueillis et publiés par H. Taine. *Paris, L. Hachette*, 1868, in-12, br.

111. Alfr. Delvau. Les Heures parisiennes (25 eaux-fortes).— Histoire anecdotique des cafés et cabarets de Paris (avec dessins et eaux-fortes). — Les Lions du jour. — Les Cythères parisiennes, histoire anecdotique des bals de Paris (eaux-fortes). — Histoire anecdotique des barrières de Paris (10 eaux-fortes). *Paris, E. Dentu*, 1862-67, ens. 5 vol. in-12, demi-rel. maroq. et veau, fil. tête dor. n. rog.

112. Paris. Ouvrages concernant le Siége et la Commune (1870-71), ens. 9 vol. in-12 br.

J. d'Arsac. Mémorial du Siége de Paris. — Le Siége de Paris raconté par un Prussien. — Ad. Michiels. Le Siége de Paris. — La Guerre civile et la Commune de Paris, par J. d'Arsac. — Les 31 Séances officielles de la Commune et du Comité central, par P. Delion. — L. Enault. Paris brûlé par la Commune. — Le Livre noir de la Commune de Paris. — F. Maillard. Histoire des Journaux pendant le Siége et sous la Commune.

113. Paris qui s'en va et Paris qui vient, 27 planches à l'eau-forte par Léopold Flameng (avec texte). *Paris, A. Cadart, s. d.*, in-fol., demi-rel. maroq. r. n. rog.

114. Le Tour de Marne, décrit et photographié par Em. de la Bédollière et Ildefonse Rousset. *Paris, Lacroix*, 1865, in-12, demi-rel. cuir de Russie avec coins, fil. tête dor. n. rog.

115. Histoire de la Conquête de l'Angleterre par les Normands, par Aug. Thierry. *Paris, Just Teissier*, 1838, 4 vol. in-8, gravures et atlas, in-12 oblong, demi-rel. v. f.

116. Guillaume de Nassau, ou la Fondation des provinces unies, par M. Bitaubé. *Paris, chez Prault*, 1775, in-8, figures de Moreau le jeune, demi-rel. v. rouge, plats v. vert, fil. tr. dor.

117. Les Vies des hommes illustres, traduites du grec de Plutarque par J. Amyot; nouvelle édition, avec un choix de notes des divers commentateurs par M. Coray. *Paris, P. Dupont*, 1826, 12 vol. in-8, portraits, demi-rel. v. ant.

118. Gérard de Nerval, par Alfred Delvau.—Méry, par G. Claudin. — Rouget de Lisle et la Marseillaise, par J. Poisle-Desgranges. — Hégésippe Moreau, par Armand Le Bailly.—Alfred de Vigny, par Anatole France. *Paris, Bachelin-Deflorenne*, 1864-68, ens. 5 vol. in-16. demi-rel. tête dor. n. rog. avec portraits gravés à l'eau-forte.

119. Histoire des livres populaires ou de la littérature du colportage, par Ch. Nisard. *Paris, E. Dentu*, 1864, 2 vol. in-12, demi-rel. avec coins fil. tr. r.

120. Mélanges tirés d'une petite hibliothèque romantique, par Ch. Asselineau, illustrés d'un frontispice à l'eau-forte de Célestin Nanteuil. *Paris, R. Pincebourde*, 1866, in-8, demi-rel. v. avec coins fil. tête dor. n. rog.

121. Les Gazettes de Hollande et la presse clandestine aux XVII\u1d49 et XVIII\u1d49 siècles, par Eug. Hatin ; eauforte de Ulm. *Paris, R. Pincebourde*, in-8, demireliure v. avec coins, fil. tête dor. n. rog.

122. *Sous ce numéro, il sera vendu environ 300 volumes non catalogués.*

CONDITIONS DE LA VENTE.

La vente se fera au comptant, 5 % en sus des enchères.

Il y aura, le jour de la vente, de DEUX heures à QUATRE, exposition des livres composant la vacation du soir.

Les réclamations devront être faites, au plus tard, dans les vingt-quatre heures qui suivront la vente. Passé ce délai, les articles adjugés ne seront repris pour aucune cause.

Le libraire chargé de la vente remplira les commissions des personnes qui ne pourraient y assister.

Paris. — Typographie Georges Chamerot, rue des Saints-Pères, 19.